황금 철인

황금 철인

초판 1쇄 발행 2024년 6월 14일

지은이 박종섭
펴낸이 장길수
펴낸곳 지식과감성#
출판등록 제2012-000081호

교정 이주연
디자인 강샛별, 정은혜
편집 강샛별
검수 이주희, 정윤솔
마케팅 김윤길, 정은혜

주소 서울시 금천구 빛꽃로298 대륭포스트타워6차 1212호
전화 070-4651-3730~4
팩스 070-4325-7006
이메일 ksbookup@naver.com
홈페이지 www.knsbookup.com

ISBN 979-11-392-1908-1(03810)
값 11,000원

- 이 책의 판권은 지은이에게 있습니다.
- 이 책 내용의 전부 또는 일부를 재사용하려면 반드시 지은이의 서면 동의를 받아야 합니다.
- 잘못된 책은 구입하신 곳에서 바꾸어 드립니다.

지식과감성#
홈페이지 바로가기

황금 철인

박종섭 시집

목 차

10	황금 철인	28	숨
11	내 삶	29	시간
12	너무 늦었네요	30	창밖
13	묻지 마세요	31	도시
14	인연	32	조상의 집
15	철다리	33	애가
16	고향집	34	밤
17	해	35	세월은 한마디 말도 없이
18	아픔		
19	새	36	저녁의 슬픔이
20	간이역	37	야석이여 눈을 감아라
21	어둠 속에서		
22	깨달음	38	비애
23	눈물 속에 핀 꽃	40	꿈을 꾸어라
24	마음에 흐르는 전주곡 1장	41	동화 마을
		42	유월
25	그대 여위어 가거늘	43	비
26	잠	44	철새
27	저녁	45	향 피워 임 부르리

46	종례	64	사랑이다
47	선생님	65	강물의 빛깔
48	소리	66	나의 소망
49	뙤똥	67	말
50	흉	68	고향
51	먼산바라기	69	그러자
52	아침이 오는 골목	70	걍
53	낙조	71	마음
54	어머니의 한숨	72	아내의 방
55	기다림	73	파문
56	나는 별	74	슬픔
57	아버지	75	세상 참 넓다
58	가난한 마음	76	경쟁
59	한 점 구름 위로 반 조각 난 하늘을	77	사랑
		78	끝없는 여로
60	엄마 마음	79	산
61	엄마	80	수렁
62	인생의 길	81	뒤
63	겨울 그 좋음	82	미워요

83	예감	104	졸음
84	퇴직 팔 년	105	누룽지
85	인간꽃	106	배우자
86	석양	107	곡선
87	할아버지	108	아 봄이 보인다
88	자식	109	인생 그런 거지
89	누나야 연못에 갈까	110	텃밭
90	빗소리의 여운	111	시간 전쟁
91	쪽 진 사랑	112	너
92	낙서	113	봄날의 파티
93	노을	114	세월 또 세월
94	강	115	언젠가는
95	허공 그 빛깔	116	삶의 무게
96	삶 죽음 구멍	117	욕망
97	단념	118	내 냄새
98	이별	119	친구
99	철인	120	방귀
100	손자	121	꽃 한 송이
101	질량 불변	122	길
102	코로나	123	미소
103	별	124	오늘

125	끊어진 역	146	젊게 살자
126	그곳으로	147	부강역
127	왜 사느냐고	148	그쟈
128	비 오는 날	149	나는
129	기침 소리	150	바람의 눈물
130	편지	151	꽃비
131	가을	152	그리움
132	미안합니다	153	늙은이
133	까치 소리	154	눈웃음
134	왜	155	죄
135	내일 곁에 서서	156	잊힌 사랑
136	참	157	미세 먼지
137	숨 막혀서	158	슬픈 노래
138	조잘조잘	159	겨울 방랑자
139	내 생각 좀 하지	160	바이올린
140	주님	161	내리는 별
141	이쁜 사람	162	봄비
142	아들	163	바람꽃
143	딸과 손자	164	언제 행복하세요
144	황금 연못	165	꽃길
145	두레박의 행복이 더	166	낮 꿈

167 노인 둘
168 베개 사랑
169 새 신발
170 순이 이모
171 구정
172 아파트
173 앨범
174 권좌
175 우리가 산다는 건
176 아무렴 어때
177 살아 있다는 건
178 사춘기
179 철인의 길

황금 철인

살아 있는 게 기적이다
49년 9월 4일
한 살에서 여섯 살까지
전쟁, 홍역, 우물
천우신조로 살아남았다
내 자식 살려 달라는
어머니의 절규가
지금도 귀에 맴돈다
열한 번의 하얀 벽은
용기를 주었고
사십삼 년의 선생님으로
행복하고 꿈같은 시간을 지나
〈황금연못〉 이백 회 십 년 출연으로
인생 이 막의 풍요로운 삶을 누렸고
이십삼 년의 챔피언 철인
백 번의 우승은
황금 철인의 새 역사였다

내 삶

내가 살아온 건
오직
그댈 만나기 위한
한길이었는데
그대는 떠도는 구름이었어요
누군가
그 비슷한 이름만 불러도
온몸이 굳어
또
닮은 목소리만 들어도
석고가 되었는데
이젠 사는 게
실패작이네요

너무 늦었네요

기다리기엔 너무 늦었네요
서산에 그믐달이 넘어가니
흘러가는 구름을 보면
저기요
가끔 생각이 나던가요?
이제
각자 갈 길을 가고 있으니
생각지도
찾지도 말고 삽시다

묻지 마세요

물으면 그냥 가슴만 아파요
인생
벼랑 끝에서 줄타기하면
그래도 전율이라도 있을 텐데
평지에 누워 가슴만 두드리고 있으니
시간은 서두르지 않아도 가고
가까이 보면
가는 곳이 정해져 있지요
한 평의 양지바른 땅

인연

옷깃이 스치면
바스락 소리가 나듯이
바람이 되어 지나갔다
오늘도 어제도 내일도
바람이 되어 지나갔다
땡초 먹고 쓰린 속보다
물먹어 아픈 가슴이
더 슬프다

철다리

녹슨 철다리를
굳이 혼자 건너려고
지나다
밑에 흐르는 강물을 보고
멈추어 버렸다
그렇게
순간
영혼도 멈출 때가 있나 보다

고향집

백 년이
불도저 소리에 날아가
황토만 남은 땅에
오직 머릿속에 감도는 것 하나
우물가에
찬물에 손 담그시던 어머니
그 옆에
두레박 퍼 올리시던 아버지
낡아진 우물은 그대로인데
어디에 계신지요?

해

세상의 삶이
해를 따라 모여 있다
어둠을 헤치며
기쁨도 슬픔도
모두
감추고
동틀 때를 기다린다
숨만 쉬면
살아 있다
그 밝음 속에
희망을 안고
우리가 어떻게
살아야 하는지를 가르쳐 준다

아픔

바람 속으로
몸을 맡기지만
바늘이 되어 나를 찌른다
줄줄 흐르는 빗줄기에
몇 벌씩 버리는 내의
그래도 못 이기면
내가 아니지
갈 데까지 가 보자
발톱에 때가 낄 때까지

새

왜 슬픈 소리는 귓가에 맴도는가?
누가
하늘가에
가까이 갔나 보다
가끔은 눈물도 말라 버린 소리
웃음인가?
울음인가?
도무지 종잡을 수 없어
사냥이 시작된다

간이역

귀가 어두워
간이역에 내려
혼자
나무 벤치에 잠들다
시간 속에 나는 무당이 되어
한 점 방향을 잃고
멈추어 있다
언젠가는 이곳이 편안한
안식처가 되겠지

어둠 속에서

만나야 된다고 생각하면서
끝내 마음만으로
짙어진 하늘
바람에 흩날리며
나를 지켜 주던 최소치들은
당신의 이마를 보기 위해
걷히어 갔다
점점 작아지는 달
그 없어지는 조각들을
누가 덜어 냈을까?
설령 보이지 않는다 해도
나의 마음은 채울 수 없어
그보다 엷은
파멸시키는 어둠이
나를 감싸고 있다

깨달음

칠십에 너무 많은 걸
떠나 버리니
허공 속에 빛만 보여도
소식이려니 했건만
나도 너도
듣지도 보지도 못하는 세상에
잠시 꿈에서 깨어
수평선을 바라본다

눈물 속에 핀 꽃

강물이 되어 흐르는
산마루의 들꽃
슬픔이 무슨 소용 있으랴
심장을 도려내는 언어의 칼 속에
진정 차가운 돌이 되어
굳어지리라
용광로같이 타오르던
이 세상 어딘가에 묻혀 있을
고생대의 사랑
말도 없이 입가에 맴돌던
눈물의 미소
흘러라 동맥의 피여
빨갛게 한 송이 꽃으로 피워라

마음에 흐르는 전주곡 1장

칼날 같은 몸매에
떠오르는 나비 떼
횡횡 뛰는 젖가슴
꿈 작은 그 속으로
들어가 보고 싶네
호주머니 속의
사랑처럼
태곳적부터 알고 온
미워하려야
미워할 수 없는
오색실 같은
가느다란 인연에
아
정말 아픔으로 끝날 것 같은
음악

그대 여위어 가거늘

그대 대쪽처럼
가느다란 몸매일 줄 미처 몰랐다
새틀로 펼쳐지는 오월의 하늘 아래
하루하루 아름답게
여위어 가는 모습
하늘이 맑다 보면
더 걸칠 것도
더 벗을 것도 없이
마주 바라보아야 하거늘
목 튼 학 날갯짓으로
그렇게 계속
미끄러지며
겨울이 지나면 알리라

잠

천년의 세월이 이불에 녹아
끝도 시작도 없이
잠들어 있다
나를 떠난 잠은 의미가 없다
바람에 강물이 씻기듯
고대 화석들이
이불에 스며 있다

저녁

빛이 잠들면
내 시간이
자리 잡는다
잡다한 기억들이
한 줄 한 줄 지나가는데
그래도
바람결에
속삭이는
나무들의 노래는 아름답다
어둠 내내
살아 숨 쉬는 이야기

숨

언제 쉬어 본 숨인가?
십오 년 동안 호흡이 멈추어
너도나도
잘못이 아닌
세월의 장난인가?
바람 곁에
한숨이라도 쉬었으면
꽉 막힌 가슴이 풀리려는가?
같이 숨 쉬어 보자

시간

칠십오 년의 세월에는
큰 호수가 있다
온갖 세상 만물이
다 담겨 있는
눈도 귀도
손발도
이제는 시간 속 호수에
담기려 하고 있다
멈추지 않고 가는
영혼을
노래로 끝을 맺는다

창밖

경계 없는 곳이
어디 있을까마는
이 높은 십구 층에서 보는
창밖은
삶과 죽음의 경계이다
그래도 희망이
저 아래
애들이 뛰노는 소리에서
들려온다

도시

숨 쉴 수 있는 도시가 아니다
소음 매연 굉음
이십칠 층 층층마다
모두 변기에 앉아
힘을 준다
온갖 냄새는
하늘을 오염시키고
내 코를 마비시킨 지
스물한 해
이제 이 네모난 상자에서
나를 잃어버리고 산다

조상의 집

불도저 소리에
어린 시절 꿈이 모두 사라져 버리고
고조부터 내려온
숨이 마지막 호흡을 토한다
무너지는 흙더미 사이로
추억도 사랑도
아버지 흰 고무신도
묻혀 버리고
텅 빈 하늘만큼이나
서해 바다
붉은 노을이
사라져 간다

애가

네 넋을 빨아들이고
태양 곁에 오래도록 서서
샐비어 되리라
그 붉게 타는 꽃이 되리라
덜 여문 마음은 벗어던지고
꿈은
여름의 뜨거운 열기로
가슴을 열어젖힌 채
꽃잎을 만드리라
생의 한 귀퉁이를
서리가 내리도록
온몸을 불태워 타오르리라
함석지붕 위에 떨어지는 소나기 되어
너를 찾으리라
신들린 처녀의
장구 소리 되어
너를 찾으리라
네 가슴을 열기 위해
깨지지 않는 돌을
손가락으로 펴리라

밤

문틈으로 신들이
죽어 나가고
소리치던 바람도
삶 속에
한숨을 내쉬며
어둠 쌓인 바구니 속에
덤으로 끼어든다
언제부터인가
울던 내 막내딸
무덤에서 새 나오던 언어는
허공에 스며 잠잘 뿐
언제나의 밤은
침묵하는 나목이었네

세월은 한마디 말도 없이

타다 만
달력에서
작년의 그 작년의
퇴색한 날짜들을 본다
마음은 파선된
널빤지 되어
통곡하며 바라보던 물새
번개같이 나다니던 세월
사뭇 막막한 대지 위에
말없이 흘러가는 별
바퀴 위에 쓰러지며
나를 바라보던 시간은
한마디 말도 없이
어둠 속에 몸부림친다

저녁의 슬픔이

빈 하늘이
소리 내 웃는다
일 년이 지나고
되풀이되는
해의 잠은
아침보다
저녁녘에 더 커진다
해마다
비어 가는 내 욕망과
끝내
채울 수 없이
끝나는
십이월의
마지막 날 오후

야석이여 눈을 감아라

검어지는 산 아래
새 한 마리
날개를 접고
가는 곳이 어데인가
황토 흐르는 곳에
비는 쏟아지고
회색 구름은
차라리 빈 하늘이나
만들었으면 좋으련만
실없는 꿈은 왜 자꾸 커져 가는가
덧없는 한 치의 인생을 버리고
자꾸만 떠나고픈 마음이
지난날엔 있었네만
이젠 허공 속에 눈을 팔고
잠을 자려 하네

비애

밤의 소릴 들으며
삼차원의 세계에 들어선다
하늘은 잠자고
바람은 노랠 멈추고
들창을 열고
영혼을 날려 그 사람을 만난다
순간의 이야기를 잊은 채
젖은 눈을 감으며
방황의 길을 끝내던 날부터
가슴은 한 덩어리
괴로움을 앉은 채
순간순간
잃어버린 언어를 찾아 나선다
눈물도 필요 없는 강
세파의 거센 물결에
꿈을 밀어 버렸다
한 장의 과거를 토하며
마음의 창을 닫고
약하디약한

가슴속에서
한마디 약속도 못 하던
꺼져 가던 불

꿈을 꾸어라

허수아비 팔에 매달려
보이지 않게 잠을 잔다
피가 엉겨야 잠을 잘 텐데
저 뜨거운 태양의
반대편에서
당신은 눈을 거두어 가시고
먼빛으로 흐르는 안개만
얼굴을 적시며
모자이크를 만든다
이제
산산조각 난 마음을
꿰매
꿈을 꾸자

동화 마을

마지막 산골짜기를 돌아
산새들이 지저귀고
사시사철
꿈속같이 시냇물이 흐르고
산이 마을을 지키는 곳
동구 밖 정자나무에서
까치가 반기며
살아 있는 생명은
하늘 보고 웃던 나날들
옛날의 기억들이
어슴푸레 나를 부른다
동화 마을 엄소리로

유월

소리 없는 외침이
내 몸에서 일어나
나를 때리니
쉼 없이 달려왔던
세월이
창가에 매달려
가야 할 길을 잃었네
오래도록 꿈꿔 왔던
빛바랜 청록은
태풍에 휩쓸려
기억에서 사라진 지 오래
가자
숨 쉬는 푸른 언덕에

비

창밖에는 그날처럼 비가 내리고
내 마음의 호수에는
칠십삼 년의 시간에 담겨
흑백의 통증에
글자들만 눈앞에 아른거린다
멈추어 있는 건
시간뿐
하늘이 구멍 난 것처럼
오늘도
과거를 지우고 있다

철새

꼭
가야 할 곳이 있어 가나?
혹 자주색 노을에
바람을 벗 삼아
한바탕 쏘다니는 거지
그러다 머물면 고향이고
떠나면 타향이지

향 피워 임 부르리

잠자던 입술을 축여 주던
너의 미소
목마른 영혼의 갈구로
빨갛게 타오르던
사랑의 불길
누구를 위한 기도이기에
그렇게 타는가?
향 피워 임 부르자
이승과 저승의 경계를 풀어
문 활짝 열고
임을 맞아 드리자

종례

귀에 들리는 저승의 시와
책상 위에 뒹구는 노란 청첩장
회초리에 말랑해진 영혼을 끊고
다 해어진 노파의 짚신을 칠판으로 던진다
에메랄드빛
시간의 문턱에
신들린 사내가 되어 죄 없음을 설파하는
감님의 목청
육십이 세까지 종신형을 선고받아
초점 잃은 눈동자가
시계추만 보고 있다

선생님

버저 소리에 놀란 내 심장은
쉴 사이 없이 울리고
머리부터 발끝까지 텅 빈 채
한 시간 내내 쌓이던 꽁초
사방의 하얀 벽은
내 음성을 산산조각 내고
그것도 부족하여
한 조각 한 조각 냉각시킨다
흰자위는 두려움에 멍들고
머리칼을 불태우던
파손된 유리창의 구멍
내가 나를 잊어버리고
한 장의 종이가 되어 재로 남는다

소리

세상에서 가장 아름다운 소리
하하 호호 까르르
아이들 웃음소리
천사의 소리같이
새벽을 깨우는 새소리같이
사랑을 속삭이는 음악같이
아이들 소리로 가득 찬 세상이 왔으면
시골 골목부터
도시 아파트까지
아이들 웃음소리로 가득 찬
세상이 왔으면

뫼똥

한 줌 재가 되어
흩날리던 뙤약볕 아래
천년만년 잠을 자는 영혼
둥근 집에는
가져갈 것이 없어
결국
흙으로 마감하고
팔십 년의 역사 속에
남은 것이
무성한 잡초구나

흉

썩은 삭동가지
한 아름 방 안에
가득 채우고
입안 가득 오물을 담아
세상을 이리 찢고 저리 찢고
악마 같은
미소 뒤에
검게 물든 마음
때까깔 지나간 자리에
묻어나는 두려움

먼산바라기

칠 년 동안 정들었던 소가
오늘 우사를 떠난다
손자에 손자를 볼 때까지
오래 살았는데
빠진 이 사이로
풀이 씹히질 않아
큰 눈망울을 굴리며
담장에 석상같이 기대선
먼 산 바라보는 30년 지기
촌로를 곁눈질하며
가자 하는 소리에
눈물 섞인
걸음을 옮긴다

아침이 오는 골목

가랑이 사이로 눈을 뜬다
님이 온다기에 나룻배를 전세 내
아침을 거슬러
골목에 가 선다
오후에 온다기에 바람을 안고
배를 젓는다
얼굴에 가득한 꽃물
입술에 닿는 감물의 감촉이
마침내 아기를 분만한다
님이 온다기에 시간을 따르며 서 있다

낙조

황톳길을 나서면
반가이 맞아 주는
작은 풀잎들
타오르는 태양의 기운을 받으려고
남쪽을 기웃거리고
동분서주
모두 발걸음이 가볍다
어머니 뱃속처럼
포근한 고향 동네
우리는 그렇게
붉게 꺼져 가는 노을빛에
다시 회향하여
돌아간다

어머니의 한숨

십칠 살 새댁은
십육 살 철없는 신랑과
맺어졌지만
산속 골짜기에서
때 묻지 않고 산 덕분에
시집살이는
매섭고 혹독했다
첩첩 씨앗이 부릅뜬 눈
매일 채근과 닦달에
남매를 두고 전쟁터 간
남편이 원망스럽지만
엎친 데 겹친다고
홍역 천연두 이질
내 아이들만 살려 줘요
정화수 떠 놓고
밤낮으로 빌기를 오 년
팔십이 되어서야 짐을 내려놓았다

기다림

기다리다 보면
모든 만물이 나에게로 온다
여름을 참고 견딘 곡식도
서늘한 바람을 맞은 채소도
매일매일 먹는 음식도
어찌 그뿐이랴
버스도 기차도 택시도
기다리면 오고
나를 만났던 사람들이
시시때때로
오가고
기다리다 보면 꼭 온다

나는 별

빅뱅이 시작되고
끝없는 백삼십팔억 년을 날아와
뜨거운 불 속에서
기다리고 기다리며
다시 억년을 보내고
생명이 하나하나 잉태되고
또 억겁의 시간을 보내
천구백사십구 년 구월 사 일
아침 열 시에
나는 어느 별에서 날아와
지구의 별이 되었다

아버지

그분 사진만 보면
눈물이 앞을 가린다
자유를 등에 짊어지시고
총탄이 날아오는
삶과 죽음의 기로에서
오 년을 버티시고
다시 생존의 전쟁에 몸을 맡기시며
고뇌 속에 소리를 잃고
그래도 악과 싸우시며
종래에는 세상
혼자가 되어
한 평 침대에서 육 년을 사시다
못다 한 한을 한 조각
색종이에 남기시고
가신 아버지
평안히 잠드소서

가난한 마음

바람처럼 속살거리는
조용한 호흡이여
빛바랜 낙엽 속에 꿈을 간직하고
냉기 머금은 싸늘한 북풍에
흰 꿈 되어 나려라
하얀 소복이
당신에게 어울렸던 가난
꽃망울처럼
부풀어 오르던
그윽한 빛에
묵묵한 바람만이
먼 고요에 쌓인다
빛을 잃은 태양이
벅찬 사연에 물결을 이루고
또 꿈은 올올이
드리운 가난에서
생각지 못한 분노가 있었다

한 점 구름 위로 반 조각 난 하늘을

멀리 사무치는 마음
꼭 텅 빈 광 모양
아쉬워해야 할
반 조각 난 하늘
배꽃이 필 적에 내
이곳에 온 일이 있다
그러나 참말로 피곤하게시리
앉아 있는 나그네의 이야기
그 위로 갓 피어난
이화에 비친
걱정 어린 아버지 얼굴로
겹쳐진다
이젠 반 조각 난 하늘을
향해
인간 본연의
한 송이 한 송이 꽃이 피어난다

엄마 마음

엄마 마음은 하얀가 보아요
아기가 울어도 꼬옥 안아 주시고
동생이 군것질해도
웃으며 같이 먹어요
엄마 마음은 비단인가 보아요
이웃을 보고 웃으시고
모르는 사람도 웃으며 인사하시고
아빠가 그러는데 천사래요
엄마 마음은 내만 아는
하얀 마음 비단 마음

엄마

내가 잠이 든다면
나의 마음을 찾아오시겠습니까?
사뿐한 날개옷에
고운 손으로
내 이불자락을 덮어 주시던
그 정다움으로
엄마
내가 잠이 들면
초롱초롱한 별들을 가져오시겠습니까?
아름다운 보자기에
사련히 지펴 넣은
나의 마음을 놀래 주시겠습니까?
엄마
내가 잠이 든다면
동산에 피던 꽃들을 한 아름 가져오시겠습니까?
아플 때 이마를 짚어 주시던
사랑의 손길로

인생의 길

온 길이 너무 멀리 왔네요
끊임없이 달려오기만 했으니
멈추지도 않고
좀 쉬어 왔으면 편했으련만
또 이젠
앞만 보고 가야겠지요
그게 천성이고
다신 돌아갈 수 없으니까
그냥 행복하게
작은 소왕국의 왕처럼
사십삼 년 살고
어언 팔십을 바라보는 문턱에서
좀 쉬고 싶은데
자식이 발목을 잡네요

겨울 그 좋음

난 겨울을 심히 좋아한다
선천적으로 추위를 덜 타서 그런지
겨울만 되면 무작정 좋다
혼자의 시간도 많아지고
벌거벗은 나무도 보기 좋고
세상의 온갖 잡동사니들이
눈 속에 가려져
안 보이니 좋고
따스한 방에서
금방 군고구마를 먹는 기분은
너무 좋아 살맛 난다

사랑이다

눈 속에 미소가 잔잔히
담겨 있어야 사랑이다
마음에 심장이 고동치는 소리가
들려야 사랑이다
너도 그렇고 나도 그래야 사랑이다
뒤돌아서면 잔잔히
여운이 남아야
사랑이다
먹고 싶은 것이 있을 때
생각나야 사랑이다
꿈속에 가끔 나타나야 사랑이다
너도 그렇고 나도 그래야 사랑이다

강물의 빛깔

물이 흐른다
만년 골짜기에서부터
천 리 길을 흐른다
지나가는 곳마다
소리도 다르고
빛깔도 다르다
내려가고 내려가다 보면
이야기가 한없이 쌓이고
강물은
아름다운 빛깔의 소식을 전한다
내 소식 이웃 소식
그 빛깔 속에
물의 역사가 쓰인다

나의 소망

더러는
나의 작은 미소가
바램이 되어
힘든 사람들에게 희망이 되어 주고
더러는
나의 작은 손길이 향기가 되어
어려운 사람들에게 용기를 주고
더러는
나의 마음이 작은 빛이 되어
고단한 사람들에게 도움이 되고
더러는 나의 작은 행동이 꽃이 되어
우울한 사람들에게 기쁨이 되어 주고
더러는 나의 위로의 말이 씨가 되어
절망하는 사람들에게
삶의 끈이 되었으면 한다

말

오래 살다 보니
입도 늙어서
말이 헤프게 나온다
겸손도 늙어 가고
생각도 늙어 가고
그래서
쓸데없는 말이
헛 나온다
오래 살면
말도 생각도 깊어져야 하는데
비수의 말이 가끔 나오고
분별없는 소리도 나온다
차라리
입을 다물자

고향

고향 말만 들어도
가슴이 이유 없이 뭉클하고
꿈속에서 보았던
사리대 문에 걸린
찢어진 고무신처럼
아스라이 가물거리는 추억들
불러도 대답 없는
옛 고샅길
날마다 아궁이에 태워진
일기장들이
울타리에 빨래처럼 걸려
나를 부른다

그러자

산에 가자
그러자
바위에 앉자
그러자
넓은 길로 내려가자
그러자
김치찌개 밥 먹자
그러자
딱 반주로 한 잔씩만 할까?
그러자
일찍 집에 가자
그러자

걍

사는 것이 걍 좋다
꽃을 보아도 걍 좋고
강아지를 보아도 걍 좋고
어린이를 보아도 걍 좋고
모르는 사람의 미소를 보아도 걍 좋고
밥상을 마주해도 걍 좋고
더 좋은 건
손주들을 만나면 걍 좋다

마음

태평양을 마음속에 가둘 수 있지만
좀들이 쌀같이 천 원에 놀라고
야단 한마디에 발끈하는
속 좁은 며느리 뒤통수 모습으로
가슴을 좁혀
언어의 노예가 되어
가끔은 주위를 불안에 떨게 하고
천 가지 변덕으로 팔색조 노릇을 하여
심산유곡같이
너무 속 좁게 살았나 보다

아내의 방

인식을 헐어
꿈을 헐어
차곡차곡 쌓아 놓은 방 안에서
아내는
매일 두통을 연습한다
잠자리에 낀 먼지를 매일 닦아도
채워지지 않는 빈 가슴이
하루는 이곳이 하루는 저곳을
몸에 신호를 보내고
천년을 보낼 것 같은 방 안에서
눈을 감아도 사라지는 잠
퇴색된 세상이
벽지가 되어 바래지고
갈수록 넓어지고 텅 빈 아내의 방은
혼자 남아 새벽을 맞고 있다

파문

바람에 역류하는 종잇장
부딪치는 소리에
눈꺼풀이 바위처럼
내려앉는다
구멍 뚫린 바지 주머니에
넣은 손가락이 파르르 떨리고
먹이가 부족하여
마지막 숨을 거두는 고양이 소리에
이젠 지겹던 비듬 냄새도
날아가 버렸다

슬픔

묘지의 시든 꽃들이
몇 년째 그대로인 채
폐가의 모습에서
어른거리던 어머니 환영
마지막 인사도 못 드리고
떠나보낸 죄스러움
삼베 적삼에
끼인 때가
바래지도록 세월을 지고
고난의 육십 년 시집살이
색 바랜 사진에
내 눈물 한 방울이 떨어진다

세상 참 넓다

인연 속에 한 번 만났던
수많은 사람
언젠가 다시 한번
만나겠지 했지만
오육십 년이 흘러도
감감무소식
세상 참 넓다
어느 하늘 아래
살고는 있겠지!
매일 까치 소리는
울리지만
끝내는 만날 수 없는 사람들

경쟁

닭들이 경쟁한다
누가 알을 잘 낳나 하고
꼬꼬꼬꼬
까마귀들이 경쟁한다
누가 더 까만가 하고
깍까까까
개들이 경쟁한다
누가 집을 잘 지키나 하고
멍멍멍멍
부자들이 경쟁한다
누가 돈을 더 많이 버나 하고
돈돈돈돈

사랑

달맞이꽃
애처롭게
낮에 지던 날
우산 없이 손바닥으로
비를 막으며
서른한 살의 날이
하루 지났다
가슴이 뻥 뚫려서가 아니라
눈동자 속에 사라지지 않는 바이올린 소리가
내 발바닥 아래서
춤추고 있다

끝없는 여로

빛깔 없는 마음들이
사방팔방으로 자유를 찾아 헤맨다
작은 소망에 우주가 담겨
젓가락 속에
가득 찬 휘파람 소리
누가 일어서고
처마에 매달린 인형들이 춤추며
지게에 짊어진 삶의 무게가
점점 종착역으로 간다
목적 없는 나그네는
쉴 틈도 없이
예배당의 종소리를 찾아 헤맨다

산

사상이 억새밭에
씨 뿌리고
워낭 소리 들리는 화전 마을에
그리도
까마귀는 매일 울었다
꿈이 모여 오색 봉우리를 만들 때
세월을 풀어 놓은 냇가에
피라미만 하루 종일 솟구치는
긴긴 여름날
이파리 하나가
용소에 맴돌고 있다

수렁

세월이
웅덩이에 빠져
천년이 지나도록 어둠만 보이고
칙칙한 안개는
익사하여 땅에 퍼질러 눕는다
시작도 끝도 없는
소매 끝 실 타래기에서
인조 불빛을 찾아 헤매는
새들의 노래가 서글프다
늪지에 삶을 던져도
떨어진 신은 수렁에서 나올 줄 모른다

뒤

보이지는 않지만
뒤에도 세상이 있어요
들리지는 않지만
뒷소리가 더 많아요
모르고 살았지만
뒤돌아서면
바로 그게 앞이지요
정말로 중요한 것은
모두 뒤에 있으니
뒤를 보며 사는 것이 더 중요해요

미워요

내 몸이지만
그동안 잘하던 약발도 떨어지고
먼저 주체할 수 없이 흐르는 눈물과
좀 기대고 싶다고 해도
저리 가라며
야멸차게 빨리 가는 시간
눈은 스스로 오래전에 독립하고
귀는 스스로 소리를 내고
콧물은 시도 때도 없이 흐르고
그렇게
도와주던
팔다리도
이제 각자 알아서 살자네요
몸도 마음도 서로
갈 길을 가자네요

예감

바람이 비를 몰고 오면
어김없이
종말을 고하는
꽃잎의 슬픈 노래
갈 곳을 잃은 새 떼들은
둥지를 둔 채
다른 세상을 향해 떠나고
아름답던 노래의 향연은
한줄기 빗소리에
말라비틀어진 쭉정이가 되어
길바닥에 처연한 몰골을 하고 있다

퇴직 팔 년

핸드폰을 하루 종일 열어 놓아도
피싱 전화만 계속 오고
혹시나 해서 카카오톡을 들어다봐도
밤까지 울리지 않고
핸드폰 혼자 심심하게 놀고
나는 나대로 주님인 TV 앞에
목 빼고 웃었다 울었다
기다리지 마라
팔 년 전에 세상을 잊었다
외로움이 몸에 배
새소리만 들려도 반갑고
기다려 보았자
더욱 세상을 도망갈 거다
바람 불면 바람 부는 대로
비가 오면 오는 대로
석상이 되어 살자

인간꽃

별이 녹아 봄바람에 살며시
내려앉았다
누가 아름답다고 했는가?
양미간에 흐르는 볼우물 미소는
한 송이 천상의 꽃이어라
태초부터 시들지 않는 꽃이 되어
어느 두메산골
따뜻한 온기를 내뿜는다

석양

칠십 노부부가
툇마루에 앉아
겨울 햇볕을 쬐고 있다
철 대문에 비친 손자 손녀의 얼굴
온 지가 언제던가
집 한 채만 남기고
이놈 저놈 다 주었는데
온다 간다 말도 없이
어언 석삼년
한 줄기 눈물을 손으로 닦으며
석양이 진다

할아버지

세상을 등에 지고 사셨는데
의리와 도덕으로 똘똘 뭉치셨고
시대를 거슬러 올라
타협도 못 하고
오직 쟁기에 가난을 면해 보고자
새벽닭 울기도 전에
그믐달 질 때까지
등에 붙은 배 움켜쥐고
물만 마시고 사셨는데
양팔에 가득 안고 계시던
사랑 님이 돌아가시자
외로움에
좋아하던 술도 마치시고
석삼년을
말없이 보내셨다

자식

억겁의 인연이 닿아
이어진 한 줄 실에
눈에 넣어도 아깝고
손톱을 깨물어도
아프지 않은
사방팔방
가는 곳마다
눈길이 따라가고
전 생애를 바쳐
공들이니
아는 날이 언제일까마는
숟가락을 놓을 때까지
한 짐 가득 근심이어라

누나야 연못에 갈까

누나야 우리 연못에 나갈까?
푸른 구슬 같은 마음의 거울에
엄마가 즐겨 부르던 노래를 부르며
누나야 우리 연못에 나갈까?
황혼 질 때 떠나간
엄마의 그림자를 잡으러 말이야
너도 나도 연못의 마음을 닮으란 말을
황혼 질 때 연못을 거닐면
엄마의 영혼과 이야기할 수 있다던 말을
누나야 우리 연못에 나갈까?

빗소리의 여운

당신과 내가
작별하던 날
이처럼 억센 이별 곡이 울려 퍼졌는데
지금은 가냘픈 손으로 치는
누나의 피아노 소리가
어쩜 이렇게 크게 들릴까?
누나가 외워서일까?
아니면 기적 소리를 덮기 위해서일까?
이별 곡이 울리지 않았더라면
아마 인형을 못 샀을 거예요

쪽 진 사랑

과거를 잊으려는 소년이 있어
소녀는 그를 싫어합니다
헤어지려고만 하기에
소년의 뿌리치는 손목을 싫어합니다
눈물을 흘려도 모른 체하기에
소녀는 그를 싫어합니다
그러나 소녀는 모르겠습니다
알 수 없는 마음이기에
소년과 헤어지기가 싫습니다
소년을 아름답게 간직하려는
소녀의 마음을 소년은 모른 체합니다
그래서 소녀는 그를 싫어합니다

낙서

하얀 종이 한 장
까맣게 되도록
완전한
인간으로
갖추어져야 할
비결이
이다지도 어려우냐
아님
살기가 이렇게 고달프냐
허전한 마음에서
깨끗한 백지 위에
써 보는 낙서

노을

어릴 적 보았던
어머니 젖가슴을 가렸던
분홍색 삼베가 펼쳐진다
한 폭 수채화같이
볼에서 가슴까지
물들였던 수줍은
그 시절
나의 마음을 설레게 했지!
평생 눈앞에 어른거릴 것 같은
고향 서쪽 하늘이
나도 어머니처럼
가슴을 붉게 물들였다

강

고운 얼굴을 비치며
말없이 흘러간다
끝이 없이 이어진
긴 인연의 끈은
허공에 대고
한마디 말도 못 하고
종착역이 있을 리 없지마는
세상을 머금은 한 줄기
실타래같이
밤낮없이 은빛 물결을 반짝이며
흐르고 있다

허공 그 빛깔

바람이 손을 잡아
구름을 이끈다
겨울의 문턱에서
창문을 닫은 지 오래
때로는 귀를 울리는 소리 때문에
하늘을 바라본다
누가 외투 깃을 세우며
목을 들고
오래도록 시린 푸른빛은
가슴에 흐르고 있다

삶 죽음 구멍

경계선이 어디인가?
삶과 죽음의 사이에는
꼭 구멍이 존재한다
벌레 먹듯이
조금씩 조금씩
삶을 갉아먹어
만물을
죽음에 이르게 한다

단념

그리움이 진해져
가슴이 아플 때
그때는 무너지고 말지!
지금껏 공염불만 하고
열정을 태웠으니
이쯤에서 돌아서는 게
순서가 맞아
돌아보지 마
이젠 긴 끈을 잘라
인연을 끊자고

이별

꼭 손을 놓아야만
끝나는가
아침 햇빛에 사르르 녹듯이
사라지는 게
마음 편하겠지
순식간에 멀어지는 것이
뒤끝이 덜 남아

철인

고난을 바퀴에 짊어지고
물속에서 돌고래처럼 폼 잡으며
달리고 또 달린다
고개 넘으면 또한, 고개가
기다리고
쉴 틈도 없이
가자 가자 또 가자
들리는가
저 환호성 소리
쓰러질지라도
다시 일어나 가자

손자

아득한 옛날
나도 우리 할배에게
눈에 넣어도 아프지 않은
손자였는데
대물림인지
지금은 내가
잠자는 손자의 볼을 만지며
흐뭇한 미소를 머금는다
이 세상 이렇게 예쁘고
귀여울까?
한마디 한마디 말에
피로가 풀린다

질량 불변

거미줄에 맺힌
물방울들이
태양의 미소에
날개를 편다
새로운 탄생은
돌고 돌아 끝이 아니고
첫발을 디디는 희망이 된다
사라지는 것은 없다
이 우주에 다름이 되어
그대로 남아 있다
어디에 있든
우주 안에 있다

코로나

왜 온지도 모르게
어디서 왔는지 모르게
지구를 찾아온 너
억세게도 분열 변신하며
나라에서 나라로
이웃에서
이웃으로 활개 치며
바람 타고 날아다니니
보여야 알지!
세계를 쥐락펴락하며
일상을 없애고
인간을 한 줌의 재로 만들어
눈물도 끊어 버린
재앙의 화신

별

태곳적부터 다시 태어나
별이 되어 떠 있다
나도 우주와 한 몸이 되어
기적의 인연을 만들고
환생의 환생을 거듭하여
천년을 뛰어넘어
빛이 되리니
명아주 지팡이로
원을 그리며
세월도 추억도 한 줌 재 되어
돌아갈 날을 기다린다

졸음

졸릴 땐 흔들어 깨우지 마소
세상을 다 주어도
감기는 눈을 다시 뜰 수가 없소
천근만근 짓누르는
어깨의 무게를
견디는 것도 신통한데
눈꺼풀은 그보다 더 무거우니
어찌하겠소
졸림이 가장 큰 행복이니 그냥 두소

누룽지

덧니에 세월이 끼어
이쑤시개를 찾는다
삼킬 것도 없이
폭포수처럼 내려가니
이는 구실을 못 하고
봄볕에 말라 버린
목구멍처럼
나를 위로하는 한 덩어리
그 어려웠던 시절의
누룽지가 지금보다 구수했지
지나가는 세월을 탓할 수 없어
들이마신다

배우자

나는 모르는 것이 많다
누가 뭘 물어보면
내가 공부해서 안다
너무 알면 교만해지고
우쭐해지고
넘치기 쉽다
모를 때는 모른다고 하고
알면 안다고 하자
우리 아버지같이
돌아가시는 날까지
손에서 책을 놓지 않으신
나도 그런 사람이 되고 싶다

곡선

구부러져 있으면
어쩐지 마음이 편안하다
직선의 섬뜩함 칼날 같은 느낌보다
곡선은 여유가 있고 부드럽고
그렇게 사는 사람이 좋다
반듯이 살아와서
날카롭게 살아와서
구부러진 것이 마음에 들기도 하지만
멀리 돌아서 목적지에 갈 때도
더 많은 것이 보이고
생각하고 깊이가 있다
시간을 떠나
그런 산길 오솔길이 좋다

아 봄이 보인다

봄 오는 소리는
뻐꾸기 울음에서 시작된다
뻐꾸기 울면
실개천이 응답하고
장끼가 목 터지게 울고
버드나무 움이 올라온다
온갖 풀들이 기지개를 켜고
꽃들은 봉오리를 틔우며
담 밑에서 하품하는 고양이가
봄을 알린다

인생 그런 거지

아침 누룽지 끓여 먹으며
점심 뭘 먹을까?
점심 국수로 때우고
저녁 뭘 먹을까?
저녁은
오래간만에 빵으로 때우고
죽어라 일해도 먹는 건 하루 세끼
새벽 눈뜨면
화장실 가고
전화 오면 핸드폰 보고
등 가려우면
효자손 찾아 등 긁고
인생 그렇게 사는 거지

텃밭

먼 오백 리에
땅이 있지만
일 년에 한두 번 갈까 말까?
이제는 마음이 텃밭에
꿈도 심고
희망도 씨 뿌리며
물을 주지만
아직 싹이 올라오지 않는다
밭이 있어도 가꾸어야 하는데
숭숭 뚫린 울타리 사이로
찬 바람이 분다

시간 전쟁

게으른 사람을 이십 대 때 보았지만
분초를 다투며
살아온 지
오십 년

시간에 목숨 걸고
시간에 사랑 걸고
숨 가쁘게 살아온 지난날
꿈도 담아 두고
수많은 시간의 파편들이 모여
내 역사를 이루며
오늘도 한 페이지를 쓰고 있다

너

꽃보다 더
노을보다 더
아름다운 너
무엇과 비길까?
처음 안개 속에 어슴푸레 보였던 모습
희미했던 모습이 또렷했을 때
숨이 막힐 것 같은
그 후광
아 누가 뭐래도
세상에 하나뿐인 너의 모습

봄날의 파티

몰래몰래 차례를 기다리지 않고
너나없이 얼굴을 내미는 꽃
가장 아름다운 산들이 마중하고
잠깐 나들이 왔던 이슬비가 반가이 맞는다
행복한 잔치
덥지도 춥지도 않은
오월의 축복 속에
연둣빛 잎들이 손짓한다
그렇게 오월은 잔치다

세월 또 세월

수많은 과거들이 시간 속에 묻히고
현재가 뒤로 떠난다
얼마나 많은 꿈이 사라져 갔나?
셀 수 없이 많은 날들이
기억 속에 사라지고
계속 그렇게
달력이 떨어져 나갈 때
하나둘 얼굴 손등에 나타나는 문신
시샘하여 나타나는 흰머리
살아 있는 생물은
모두 거쳐 가야 하는 길 위에
내가 서 있다

언젠가는

언젠가는
멋진 노인이 될 거야
언젠가는
아내와 둘만이 살 거야
언젠가는
하와이 철인 대회에 도전하겠지
언젠가는
바닷가에서 살고 싶어
언젠가는
산 위에서 저녁노을을 바라보겠지

삶의 무게

때 묻은 시간 속에
한 걸음 두 걸음 걷는 걸음이 무거워
신을 벗어 던지고
새벽잠 설치며
아궁이에 불 지피는 시절이
못내 그립다
누가
똑바로 가는 나를 붙잡는가?
바람도 햇빛도 아니다
내 주위에 줄줄이 있는
피붙이들이다

욕망

지겠군
둘이 지나간 뒤
시뻘겋게 성난 구름이
아직도 울고 있었다
흔들리는 뱀의 혀
조금씩 쏟아지는
백혈구의 탁류가
마의 노인을 건드리니
고개를 들고 흔드는
눈썹의 율동
발끝부터 내리눌리는
하늘을 향한 심장
멈출 줄 모르는
욕망은 끓어오른다

내 냄새

젊어서는 주위를 물들였던 향내가
낙엽 지듯이 한 해 한 해 사라져
이제는 이불 귀퉁이에
노인 냄새만 남았구나
그래도 아직
아내는 이 냄새가 싫지는 않다고
같은 이불을 덮자고 하는데
나는 내 냄새가 싫어
떨어져 혼자 잔다

친구

가는 곳마다 만남을 두고
지나온 오십 년 세월
동진강도 지나고
금강도 지나고
한강도 지나고
그 지남 속에서
때 묻은 정들이 떠나간다
소식도 없이
하늘나라로 간 사람
소식도 없는 친구들이 머릿속에 기억만 남아
오늘도 책갈피 속에 잠들어 있다

방귀

내 배 속에
언제부터인가
뽕악새가 한 마리 살고 있다
뽕뽕뽕뽕
연속 나오면
나도 웃고 아내도 웃고
소리 안 나게 할 수 없어
웃기네
자연 피리인데
나오는 걸 어떻게 막아
속으로 다시 들어가면
속병 걸린다고
아 시원하다

꽃 한 송이

너는 꽃 한 송이를 들고
애타게 기다린 일이 있는가?
한 송이 꽃이
백 송이보다
더 무게가 있고
의미가 깊을 때 빛나거늘
사십삼 년
선생님을 떠날 때
한 송이 꽃은 나에게 왔다
그동안 고생 많았다고

길

길 속에 길이 있고
끝난 길에 샛길이 이어지고
끝없는 길 속에 서 있다
사랑으로 수놓은 길에
또 사랑의 길을 만들고
가는 사람 오는 사람
시작도 없고 끝도 없는 길을
길 속에
길을 찾으려 한다

미소

듣고만 있다
미소 짓던 사람이 생각난다
말할 수 있는 상황에서
언제나 침묵만 지키며
먼 곳으로 떠나던 그 눈길이 생각난다
하늘에 둥실 배 띄워
간절한 소망을 향해 치달아도
가도 가도 끝이 없는 바다
나의 가슴속에 바다는 너무 넓어
옛날부터
파도 언덕 위에
영혼을 하나 던지고
사는 나를
알지 못하며 떠나던 미소
못 미더워하며
뒤돌아서지 않던 발길
나는 기다리고 있다
미소가 돌아오기를

오늘

오늘은 오늘이고
내일이 되면 또 오늘이고
모레가 되면 또 오늘이고
매일 오늘만 있다
오늘이 그렇게 석삼년 지나면
청년이 중년이 되고
중년이 노년이 되고
오늘을 헤아린다
흰머리만 늘어 간다

끊어진 역

양평에 가면
좁다란 시골길을 굽이굽이 달려
해방 때 볼 수 있는 달리지 않는 기차만
혼자 서 있는 간이역에 닿는다
끝없이 이어진 철길에
떵그마니
달리지 않는 기차만 서 있고
역사는 사람 한 명 없이
바람만 스산하게 몰아치며
꼭 인생 마지막 종착역의 느낌이네
관광객만 무엇이 좋은지
웃는 소리가 허공에 메아리친다

그곳으로

한 조각 뜬구름이
바람에 날리다가
산을 넘고 들을 지나
나뭇가지에 걸려
소멸하는
자연의 법칙처럼
우연히 세상에 나와
비바람에
미로의 터널에서
헤맨다
다시 내 고향 땅속
그곳으로

왜 사느냐고

지구가 매일 도니까
나까지 돌면
어지러워
어떻게 살아
모두
조심하세요
도는 속에서도
별 탈 없이
사는 게
인생의 낙이지요
그저
좋아하는 사람
얼굴만
마주 보고 사는 것이
사는 이유지요

비 오는 날

한 아름 우울함이 우산 되어
잠자고 있다
유리창에 타고 흐르는 빗물이
자식 잃은 애완견의 눈물이 되어
역류하고픈 마음으로 뭉쳐 있다
정적 속에서
멍때리며
하늘의 검은 구름만 바라보고 있다

기침 소리

차라리 내가 아프고 말지!
거실에서 들리는 기침 소리는
내 마음을 후벼 파고
어찌해 볼 수 없는 마음에 방문만 잡아당긴다
세상에 가장 싫은 말이
아프다는 말일진대
말없이 콜록거리는 소리는
더 짠한 마음이 되어
가슴이 아프다

편지

까마득한 옛날
편지는 연탄아궁이에서
타고
그 뒤로
우표를 본 일이 없다
전할 사람도 없고
손에서 굴러다니는 문명의 이기에서
글씨는 사라진 지 오래
이제부터 내가 나에게
써야 할까 보다

가을

계절이 산을 타고 내려오면
나무들이 진저리를 치며
몸을 부르르 떤다
한 잎 한 잎 떨어뜨리며 내뱉는 소리는
우리 시대는 다 갔어
땅바닥에 뒹구는 시간이
스산한 바람에 날릴 때
갈까마귀가 울고 있다

미안합니다

입에서 맴도는 말 두 마디
그렇게 하기가 어려운가
침이 목구멍으로 넘어가도
나오지 않는 말
머리는 생각하는데
입가에 나오려다 다시 넘어가고
숨조차 멈추어진다
말 못 하는 거야
잘못했으면 해야지
미안합니다라고

까치 소리

까치가 와서 울면
나는 슬퍼진다
반갑게 맞이할 손님도 없는데
까치는 아침부터 운다
울음소리는 나의 폐를 찌르고
누렇게 뜬 나의 얼굴을
더욱 창백하게 만든다
물도 바르지 못한 내 마음에
함부로 찾아오는 소리
까치 울음을 반기는 사람은
우리 집에 아무도 없다

왜

묻지 마라
이유 없다
미소도 좋고
말씨도 좋고
어쩌다 우는 모습도
뿌시닥거리는 모습도
다 좋다
손자에게라서가 아니라
나이 드니
사람이 예뻐 보인다

내일 곁에 서서

밤에 꼭 해를 보고 싶어서는 아닙니다
잿빛의 침묵이 죽음 곁에 서 있으면
저 심장으로부터
영혼을 갈구하는 목마른 목소리
오늘이 한 줌 어둠 속에 흩어진다
암실의 해는 더욱 타오르고
시간을 먹는 나이 많은 주름이
신을 저주하지만
눈에 얼어붙은 오늘은
마음 아프게 시간을 좀먹고
타오릅니다
내일이 또 내일을 창조하듯이

참

순식간에 지나간 날들이
은혜를 느끼기도 전에
부모님을 모셔 갔다
얼마나 불효를 했던가?
세상을 돌아다니다
며칠 만에 한 번 들르고
빵 쪼가리 떡 몇 개에
효도랍시고
뻔뻔하게 드나들던 병실
그 거짓이
돌아가신 뒤에 탄로 났다
부모님과 같이
찍은 사진 한 장이 없으니

숨 막혀서

삼시 세끼 먹으면
삼식이고
한 번 먹으면
일식이고
집밥 안 먹으면
영식으로
대우받고
이게 가정 인심인가요
차라리
내가
삼시 세끼 해 먹고 말지요

조잘조잘

태권도
마중 나간 할아버지 한번
슬쩍 보고
태권 소리를 기운차게 지르고
제가요
오늘 칭찬 표 두 개 받았어요
이리로 가면 멀어요
이쪽이 지름길이에요
할아버지 오늘 게임은 뭐 하실 거예요
쉬지 않고 조잘대는 소리에
허허 마냥 즐겁기만 하다

내 생각 좀 하지

나갔다 오면 꼭 손 씻어요
그릇은 퐁퐁으로 씻어야 해요
왜 이렇게
운전을 덜컹덜컹하게 해요
멀미 나요
화장실 물은 꼭 내리세요
매일매일 내 잘못이
하루 한 가지씩 늘어나니
오늘 전깃불 안 끄고 가셨어요
나이 탓이겠지

주님

우리 집에는
주님이 거실과 안방 중앙에
모셔져 있다
여섯 시에 일어나면
주님의 안부를 묻기 위해
리모컨을 켠다
아무 생각 없이
그 속에서 노래도 나오고
연속극도 나오고
저녁 늦게까지
주님을 보면서
웃다가 혀를 찼다가
그러다 주님과 같이 잠자리에 드는데
지나고 나면
아무 생각이 안 나고
주님 때문에 더욱 멍청이가 되어 간다

이쁜 사람

우찌 그리 예쁘고
귀여울까?
맑은 미소
톡톡 튀는 재롱
동그란 얼굴에
천진한 미소
재잘재잘 참새같이
쉴 틈 없는 이야기 속에
사랑이 샘솟고
너도 웃고
나도 웃고
세대를 초월한
사랑이 멈추어 있다

아들

부모 덕분에
나는 행복하게 살았는데
내
하나밖에 없는
아들이
나이 들어 가면서 행복했으면 한다
이 세상도 이겨 내고
어려움이 있어도 강인하게 버티고
순간순간을
최선으로 살며
이제 사십삼 년의 세월을 묻어 두고
새출발 새 인생이라고 하며
열심히 살자

딸과 손자

꼭 붙어 앉아 한 쌍의
캥거루같이
그렇게도 다정하니
꼭 한 쌍의
비둘기같이
어쩜 눈빛만 봐도 아니
꼭 한 쌍의
참새같이
어쩜 재잘대는 새끼와 받아 주는 엄마
꼭 한 쌍의
잉꼬같이
환상의 모자다

황금 연못

인생 이야기
가슴 가득 담고 살아온
대한의 대부들
살아온 길
살아갈 길
풀어헤쳐 놓은
이야기보따리 속에
삶이 있고 웃음이 있고
눈물이 있고
경험과 지혜가 가득한 삶 속에서
청자의 가슴과 머리가 더 영글어진다

두레박의 행복이 더

슬픈 마음을
한가득 두레박에 담아
떠나온 지
반백 년
그 초가보다
몇 배 더 넓은 고가에서
마음껏
뛰어다니는데
더 행복해야지
없는 것 없이 없고
먹고 싶은 것 먹고
마음대로 돌아다닐 수 있고
그런 행복이 옷깃 속에 묻혀 있다

젊게 살자

가르치고
배우고
일하고
웃고 울며
오래 살아온 세월
가는 날을 아쉬워할 것 없다
긴긴 가르침의 세월과
십 년의 이 막의 여정
황금빛 인생으로 빛나고
타고 달리고 빛나고
그래 나이를 잊고
젊게 살자

부강역

움직이지 못하는
기차만 덩그러니 서 있고
역사엔 옛날의 아픔만
덕지덕지
낙서로 쓰여
촌로들의 한숨이
여기저기 생채기로 남아 있다
설렘 기다림은 사라진 지 오래
모든 사람의
아픔을 삼키며
멈추어야 했던
부강역

그쟈

살아 보니 별것 없지
그쟈
자식 길러 보니 별것 없지
그쟈
맛있는 것 먹어 보니 별것 없지
그쟈
좋은 옷 입어 보니 별것 없지
그쟈
좋은 곳 다녀 보니 별것 없지
그쟈
이것도 저것도 다 별것 없지
그쟈
재밌게 살면 되지!
그쟈

나는

언제부터인가 와서
어디로 가고 있는가?
시간의 흐름에 몸을 맡기고
오랜 세월을
가고 있다
목적지도 모르고
가야 할 길도 모르고
쉬운 건
시간에 몸을 맡기고
늘어 가는 주름살을 볼 뿐
덧대어지는 태양에
매일 숨을 태운다

바람의 눈물

어느 세월에
멀고 먼
고향의 냄새를 싣고 와
내 가슴에 잔파도를
일으킨다
억새 갈대
틈 사이를 비집고
울며 떠나온 시간
뜬금없는
갈매기 소리에 목련꽃 봉오리가
바람에 떨고 있다

꽃비

꽃비가 내려요
나풀나풀
꽃비가 내려요
선녀같이
꽃비가 내려요
나비같이
꽃비가 내려요
춤을 추며
꽃비가 내려요
꿈을 가득 안고
꽃비가 내려요
봄소식을 알리려

그리움

책갈피에 꽂아 놓은
네잎클로버가
수줍어 고개 숙일 때
수많은 시간을 창문 꼭 닫고
바람 소리에 귀 기울이며
기다렸지만
낙엽 뒹구는 소리에 깜빡 잠이 깬다

늙은이

석양 노을에
흰 머리카락 하나가
오지도 않는
시간을 기다리고 있다
희망은 백마를 타고
언제부터인가
멀리 떠나고
낙서장이 멈춘 지 오래
비로소
빛바랜 문풍지만
바람에 펄럭이고 있다

눈웃음

몇십 년을
같이 살아도
몰랐는데
처음으로 사 준
생일 선물에
그 가느다란 눈웃음을 보았네

죄

걸어가다가
쉬지 않고 걷다가
돌아오는 길에
절뚝거리는 개미를
한 마리 보았다
아무도 없는 길을 나 혼자만
걸어갔다 오는데
왜 개미가 절뚝거리지
생각해도 생각해도
나밖에 죄인이 없다

잊힌 사랑

버려야지
묵은때 묻고
곰팡내 나는 책 들고
분리수거장 가는 길에
떨어지는 책갈피
사랑은
그렇게
오래도록 퇴색하여 잊히는 거야

미세 먼지

누가 죄를 지었나?
하늘이 검게 변했다
서해 바람이
유년의 꿈을 조각내고
머리를 뇌쇄시킨다
숨을 좀 쉬자
온몸의 세포들이
모두 궐기하여
좋은 공기를 달라고
아우성이다

슬픈 노래

당신의 눈 속에
내가 잠겨 들어
그 안에 사과밭
해가 비치면
해의 빛처럼
그 안에 사과가 빨갛게
달이 뜨면
달빛에
사과가 파랗게
영그는 네 개의 눈
당신의 눈 속에
내가 잠겨 들지만
당신의 눈만 싸늘히 식고

겨울 방랑자

철새의 울음소리에
찬 바람이 분다
남은 잎새가 떨어진 지도 어제
벌거벗은 나무를 얼기설기 엮어서
내 혼령이 나래 되어 떨어지다가
백설로 사라져 버리는 꿈
마음의 고향 하늘에
집을 마련하고픈
철새들의 울음

바이올린

다섯 개의 어린이가 합창으로 울며
끝이 없는 목적지는
하늘의 시작이어라
가슴속에 울리는 사랑의 하모니가
하나하나 심장을 두드리는 소리
그것은 신의 소리
그것은 영혼의 소리
그것은 인간의 소리
그것은
당신의 사랑의 소리

내리는 별

시간이 검정 칠을 하고
우주를 삼키며
백지에 비치던 놀
눈 가장자리에 젖어
잠잠히 흐르던 강물
머리를 아끼고
미숙어를 풋풋하게 살찌게 하던
별의 대화가 우수수
머리에 떨어진다
달빛에 얼굴은 하나뿐인데
절로 팽창되어 둘로 분열된다
우리 모두 별빛에 노래 부르자

봄비

오선지의 합창을
무척 좋아했습니다
아마
시골 마을에 심어 놓은
튤립이 싹틀 때인가 봅니다
그 붉은 꽃잎은
샘솟는 우물가에서
봄비에 춤을 췄지요
까마득한
동심이 살아 있을 때 말입니다

바람꽃

살랑 바람이 봄을 떨어뜨린다
난 꽃을 좋아해
같이 가야지
어딘지는 모르지만
가자
봄바람 소리에
천 개 나비가 되어
나풀나풀
하늘하늘
바람꽃이 되어
봄을 재촉한다

언제 행복하세요

어린아이를 볼 때 행복합니다
꽃을 볼 때 행복합니다
산에 갔을 때 행복합니다
노래를 들을 때 행복합니다
고기 먹을 때 행복합니다
친구 만날 때 행복합니다
운동화 살 때 행복합니다
수영할 때 행복합니다
음식 만들 때 행복합니다
꽃 기를 때 행복합니다
손자와 놀 때 행복합니다

꽃길

어머니 요양원 가시던 날
울타리 목련꽃이 떨어져 우물가를 수놓고
붙잡는 삽살개 울음소리에
흩날리는 꽃잎들
치마 동여매고
더딘 걸음으로
왜 가야 하나
되뇌이며
찻길까지 걷는 길이
멈춘 시간에 천근만근
방울방울 맺히는
옷자락의
이슬들

낮 꿈

밤에만 꿈을 꾸냐고?
아니야!
낮에도 많이 꾸거든
오만 잡꿈을 꾸었지
생각으로만
꿈꾸니
터무니없기도 하고
이루어지지도 않고
금방 사라지기도 하고
낮 꿈은 모두
개꿈이었어

노인 둘

노인 둘이
걸어가며
한 사람은 손을 내밀고
한 사람은 뿌리치고
칠십이 되어도
부끄러운 사랑인가?
아직은
그렇게
둘이
남남같이
걸어가고 있다

베개 사랑

한 사람은 동쪽
한 사람은 서쪽
동서로 갈라 누워
때 이른 잠을 청한다
더 벽 쪽으로 다가가는 한 사람
가까이 와요
베개를 끌어당기니
그냥
떨어져 자
한 사람은
베개 없이 잠든다

새 신발

콩나물국밥집에
모처럼
새 신을 신고 갔다
나올 때 보니 떨어진
슬리퍼만 있고 내 신이 없다
황당한데
어쩔 수 없이
남아 있는 슬리퍼를 신고
집으로 왔다
다음 날
다시 찾아갔더니
치매 걸린 할아버지가
내 신을 신고 가서
할머니가
다시 들고 왔단다

순이 이모

냇가에 물안개
사시사철 피어오르는
중계 계곡에
목련을 닮은
순이 이모가
살고 있었다
봄이면 나물 뜯고
가을이면 산열매 따고
자연을 닮아
마음 곱고 인정 많고
이름같이
순하고
중계의 한 떨기 목련같이
소녀 시절을 보냈는데
이제는 고향도 자연도
자신이
누구인지 모르고 산다

구정

벽을 향해 기립해 있는 후손
가족들의 눈은 제상을 향한다
별의별 구실을 다해 사 온
소의 종아리 살이
상 위에 우뚝 솟아 있고
아이들은 곁눈으로
먹을 걸 미리 계산하고 있다
낮에 귀신은 오지 않는다는데
자꾸만 앞서는 걱정
섣달그믐까지 설레던 가슴
세뱃돈 얼마 줄까 얼마일까?
모두 세뱃돈 생각에
마음은 뒷전이고
그래도 식솔들 바라보는 할아버지 얼굴에
감회가 깃든다
구정은 애들은 좋으나
늘그막엔 슬프다

아파트

언제부터인가
손주들이 각자의 방에 들어가
문을 잠근다
나도 아내도
각자의 공간으로 숨어
문을 잠근다
자연히 식구들은
자신만의 세상에 살며
혼자만 생각한다
집은 적막에 쌓이고
티브이 소리만
옆집을 두드린다

앨범

나
거기 있었네
잃어버린 시간이
젊음 그대로
나를 반긴다
조각조각
단편으로 흐르는 추억들이
그 따스했던 봄날처럼
한 땀 한 땀 뇌리에 되살아나며
한 장 한 장 남겨진 기억들은 날려 보낸다
얼마 만인가?
구멍 난 발가락을 바라보던
그 동심의 눈길을
지나간 날들 이어 이젠 책장에 고이 잠들어라

권좌

모두 위만 보는 사람들
눈을 들어
황금색 의자에
앉으려고 발버둥 친다
말의 칼로 무찌르고
썩소로 비웃고
아무 말 대잔치로 기죽이고
상대를 한 사람 한 사람
구렁텅이에 몰아
나락으로 떨어뜨리며
허풍의 그네에 앉아
지전만 센다
자기 자랑은 끝이 없고
상대를 짐승으로 몰며
칼자루만 쥐면
눈에 핏발이 선다

우리가 산다는 건

살다 보면
어찌
기쁜 일뿐이겠어
창을 열면
오월 깔따구들이
물밀 듯이 들어와 엉키듯이
매일 질곡의 연속이지
즐거우면 즐거운 대로
슬프면 슬픈 대로
부딪치며 사는 게야
한쪽 눈만 감고 살면 되지!

아무렴 어때

덕지덕지 옷을 기워 입으며
삶을 못 견딘다 해도
살 만하냐고
소식은 물어야지
너무 많은 인간 지옥에서
오만 잡일이 안 생기겠어
나름대로 다
제 갈 길을 가고 있으니
각자 알아서 살라고
놔두는 게 원칙이지
옷을 벗고 살든
자동차로 전봇대를 박든
아무렴 어때 내 일이 아닌데

살아 있다는 건

매일 움직이면
살아 있다는 것인데
때 찾아 먹고 걷고 숨 쉬고
어제 관광버스 타고 가는데
뒷자리 앉은 사람이 너무 한숨 쉬더만
딸기밭에 가 딸기 따 먹더니
조용하더라고
아이들 데리고 온 엄마는
힘들어서
차 타면 잠자고
그 남편은 왜 그리 핸드폰만 보는지
살아 있다는 건
우리 부부는 나이가 가장 많았는데
젊은이들과 같이 다니니
참 사는 맛이 나더구먼

사춘기

어려서 떨어지면
울고불고하던 손자
자다가도 잘 웃고
같이 놀면서 항상 웃고
도깨비방망이 놀이에 신기해하고
시간 가는 줄 모르고 돌리던 자전거 바퀴
올 때마다
생일 축하 노래 부르기 수백 번
십일 년 동안 잘도 크더니
변덕을 부리는
사춘기가 찾아와
자기만의 세계로
빠져 버렸다

철인의 길

큰 장벽 앞에 섰다
오르지 못할 나무였지만
혼자서 길을 떠나
고행을 시작했다
산 넘고 물 건너기를 이십오 년
저승의 문턱에서 돌아오기 열한 번
냉 호수 열 바닷속을 뚫고
비바람 천둥번개에 전진하며
쉼 없이 거침없이
영광의 백승
아직은 갈증이 있다
어둠이 와도 눈보라가 쳐도
멈추지 않고
이 길을 갈 것이다
내가 살아 있는 한
철인의 길을